5 ETAPES POUR DEVELOPPER UNE ENTREPRISE

ERNÈS GHISLAIN

Copyright © 2019 ERNÈS GHISLAIN

Tous droits réservés.

ISBN :

DÉDICACE

Ce livre est dedier aux jeunes entrepreneurs, aux chefs d'entreprise et aux influenceurs d'opinion entrepreneriale.

TABLE DES MATIÈRES

1- AUDIANCE 3
    a) Audience de début 4
    b) Audience de mi-développement 7
    c) L'audience du future 8

2 - MARKETING 10
    a) Le marketing sur les réseaux sociaux. 11
    b) Maketing d'influence 12

3- NOTORIÉTÉ 13

4- COMMUNICATION 15

5- VENTE 17
    a) La gratuité 17
    b) Le bas prix 19
    c) La vente en ligne 20

REMERCIEMENTS

La redaction de ce livre étant basée sur les exemples concrets liés sur les etudes de cas et des experiences reelles, je remercie pour cela toutes les personnes et entreprises qui ont favorisé la réalisation de ces differentes etudes et la mise en application de mes differentes techniques de developpement d'une entreprise.

1- AUDIANCE

Au démarrage quand on n'a pas une idée de créer une activité génératrice de revenu on se doit de regarder au tour de soi c'est-à-dire au tour du pays, de la ville ou le quartier ou on est installé s'il y a un problème à résoudre, s'il y a une difficulté ou une crise qui se pose à la population. Car n'oublier pas une difficulté égale à une entreprise. Une fois la difficulté décelée vous pouvez commencer de réfléchir sur comment trouver une solution pour cette difficulté ou ce problème. Là encore il y'a une chose qu'il faut retenir vous pouvez vous lancer pour résoudre tous les problèmes, mais se lancer sur la solution d'un problème dans lequel en trouve immédiatement le désir et l'enthousiasme au début serait idéale, car de nos jours nombreux connaissent l'échec immédiat dans le business qu'ils lance, non pas parcequ'ils ont choisis un mauvais problème à résoudre ou parcequ'il n'ont pas de la compétence dans le domaine mais plutôt parcequ'ils ne trouvent pas de la joie en travaillant sur la solution d'un problème quelconque. Sur ce point je vous propose de se comporter plutôt comme un enfant, si non faire ressortir votre instinct d'enfance quand vous travailler dans le cadre de trouver une solution quelconque. Vous savez, quand un enfant de 5 ans par exemple est concentrer, en étant en train de jouer avec ses joués ou suivre quelque chose à la télé ou au parc ; alors pour un besoin quelconque comme sa nutrition ou le déplacement pour la plage par exemple vous pouvez être surpris de constater un refus automatique de l'enfant pourtant bien que docile il a l'air d'habitude. En fait cela ne veut pas dire que l'enfant a refusé, mais plutôt il trouve totalement plaisir et l'épanouissement sur ce qu'il fait en ce moment que d'autres chose. C'est pour quoi je vous conseil de vous lancer sur ce qui vous procure de la joie.

Certaines personnes ont déjà réalisé tous ceux dont on a cité c'est-à-dire la détection du problème, la solution idéale, la patient et la joie de travailler sur son projet tous les jours, mais malheureusement ils n'ont pas de l'audience préalablement créée. Dans tous les cas une audience est très importante, je citerais ici trois audiences à savoir :

a) Audience de début

Cette audience se créee avant de lancer un projet, elle demande une mobilisation des ressources qui peuvent être du genre financier ou du genre temp consacrer. Tiens en parlant du genre financier, plusieurs entrepreneurs démarrent leur projet en mettant des moyens colossaux dans la publicité native comme à la télévision, sur les panneaux publicitaires ou encore sur les compagnes publicitaires afin de se créer une audience avant le lancement de leur projet. Cette technique est tellement cher je dirais plutôt qu'elle est bonne pour les entreprises qui démarrent avec un grand budget. Pour le cas de petites entreprises ou startup cette technique elle est un peu risquée car au début du lancement de votre projet ou entreprise on a besoin de savoir a qui s'adresse votre solution en tenant en compte la catégorie de personnes, leurs tranches d'âges et leurs sexes, afin de créer une audience ciblée et moins couteux.

Tenez pour mieux expliciter cela je vais vous parlez d'une entreprise spécialisée en confiserie, basée en Afrique plus précisément au Sénégal, cette entreprise sans plutôt cibler au préalable son audience, s'était lancée dans plus de quatre pays au même moment, ce qui paraissait bien aux yeux de tous les responsables de l'entreprise. Pour cela plusieurs moyens étaientt mobilisés comme des caravane auto, la publicité à la télévision, des animations culturelles des prestations théâtrales tout cela sans présenter au préalable le produit aux clients potentiels mais en affichant que le nom du produit, ce qui avait coûté bien après très cher à la vie de cette entreprise. La publicité du produit de cette entreprise était plutôt destinée aux adulte et surtout aux hommes car après que l'entreprise ai dévoilé le produit, tout le monde venait de découvrir qu'il s'agissait d'un bonbon avec des vertus d'aphrodisiaque destiner plus aux hommes âgés plutôt qu'à d'autres catégories de personnes ce qui créa alors de la colère aux personnes non concernés par le produit mais qui était plutôt déranger au paravent par les grandes compagnes publicitaires de cette entreprise, ce qui créa alors une nouvelle vague des ambassadeurs de la mauvaise publicité du produit d'où la dévalorisation du produit par la catégorie des personnes déranger lors des grandes compagnes publicitaire. Si cette publicité était plutôt orientée vers les hommes adultes cela créerais une audience ciblée et sans controverse et qui serais alors transformer en potentiel client du futur. C'est pour quoi quand je suis consulté par les entreprises en démarrage d'activité je leur déconseille d'utiliser la méthode de création d'audience que cette entreprise de confiserie avait adopté. Alors comment créer simplement une audience de début ? vous pouvez utiliser la méthode de bouche à oreille, avec cette méthode vous pouvez vous créez déjà des potentiels audiences. Comment faire alors ? tous d'abord, sélectionner la catégorie de personne que votre solution vise et puis rencontrer ces personnes dans les lieux préalablement définis, mais de préférence des lieux calmes comme par exemple les jardins, en suite parler leur en individualité de la difficulté que les gens rencontrent dans un domaine quelconque que vous avez la solution, cela sans pourtant leur dire au début que la solution se trouve entre vos mains.

Tenez par exemple un jour je suis arrivé dans un campus universitaire j'ai trouvé sous un espace de repos cinq étudiants qui discutait sur la manière que leurs enseignants composaient leurs sujets d'examens ces dernières années, tellement compliqué que près de la moitié ne trouvait pas la moyenne ; en s'introduisant dans leur discussion je les avaient posé trois questions la première est, participez-vous à leurs cours ? , oui répondit t'ils je répliqua, avez-vous le temps pour plus étudier ? non me répondait l'un d'eux avec un air d'un désespérer en complétant on a pas le temps puisque les annonces des examens sont donnés un jour avant le jour de l'examen et quand il avait fini sa phrase j'avais compris qu'il fallait profiter de créer une audience pour le projet que je devrais lancé. Alors pour démarrer mes propos j'avais commencé en les culpabilisants tout d'abord, en disant pourquoi vous n'utilisez pas le système d'alerte mobile de programme que d'autres universités utilisent, alors ils s'exclamèrent tous, comment ? un tel service existe ? il serait le bienvenu pour tous les étudiant. Comprenant déjà l'impact du projet je demandère le lendemain de passer cette communication dans un amphi de cette université qui comptais 1600 places auquel j'avais exposé le projet et tous les étudiant était prêt à s'abonné à mon service. Cela m'avait fait alors une audience de début mais également des clients potentiels avant le lancement de mon projet. Ce projet fut un grand succès dans cette université.

b) Audience de mi-développement

Audience de mi-développement : Pour rattraper ou élargir votre réseau de vente de service ou de produit vous pouvez créer une audience de mi-développement, en faisant de tel sorte que vos clients vous aident de créer des audiences supplémentaires, cela en faisant d'eux les ambassadeurs de votre produit ou service en échange d'un bonus à ces anciens clients, cette technique pourra vous aidez à vous créer une nouvelle audience. En parlant de cette technique, en 2015 j'étais embauché par une entreprise spécialiser dans la distribution des produits pétrolier. Cette entreprise avait des stations-services dans tout le pays. Avec une concurrence qui ne faisait que devenir de plus en plus forte, l'entreprise se voyait faire faillite dans quelque mois, vu que le nombre de client n'évoluait presque plus. Pour sauver l'entreprise et aller vers les nouveaux clients et une nouvelle catégorie de client j'avais eu alors l'idée de proposer l'utilisation de client fidèle pour la création des nouvelles audiences avec un potentiel de devenir des nouveaux clients, ce qui fut accepter. Alors un bonus baser sur les contrôles gratuits de leur véhicule et la distribution du carburant gratuit pendant une semaine fut proposée aux anciens clients qui amenait dix nouveaux clients, ce qui fut alors un grand succès et permis à l'entreprise de gagner une audience importante qui fut bien après transformer en client abonnée à toutes les stations-services de l'entreprise. Cette technique bien qu'il eût couter un peu d'argent à l'entreprise mais il avait permis de multiplier sa clientèle par quatre et permis de passer à la deuxième place des entreprises de distribution des produits pétrolier du pays.

c) L'audience du future

L'audience du future, pour ce cas je vais vous présenter une technique aussi simple mais efficace. Aujourd'hui tous les domaines de la vie sont devenus des domaines auquel on peut créer une entreprise. Alors comment créer une audience pour une solution que on pense proposer dans le futur ? je vais vous parler d'une méthode qui marche très bien, une startup spécialisée sur les offres d'emploi était venue me consulter dans le but de lancer leur service dans quelque jour, soit une semaine après avoir eu l'idée du service, ce qui était une erreur car plusieurs startup disparaisse plus tôt après leur lancement par le fait de ne pas préparer et créer leur audience en avance.

En effet pour permettre leur développement à long

terme je leur avais proposé une compagne de création d'audience sur les réseaux sociaux avant le lancement du service et cela pendant trente jours. Pour y arriver nous avons créé cinq pages et groupes portant le nom de la startup dans quatre réseaux sociaux, précisément sur Facebook, twitter, Instagram et WhatsApp, les publications étaient plus orientées dans le sens de susciter aux internautes l'idée de chercher et trouver le meilleur emploi que ce qu'ils avaient mais également de trouver un emploi plus rapidement pour ceux qui on n'avaient pas. Nous avons alors créé des affiches avec comme titre "votre meilleur emploi ", "voulez-vous changer d'emploi" ou encore "recevez les offres d'emplois tous les jours", chaque affiche contenait un message en bas qui disait laissez-nous votre email ou votre numéros mobile pour commencer de recevoir toute l'info sur email, sur WhatsApp ou par SMS. Une fois la compagne lancée, en moins d'un mois nous avons collecter 3498 contacts mobiles et WhatsApp et plus 1500 Emails ce qui n'était pas mal pour une phase de pré-lancement. Ces contacts et Emails constituaient une liste d'audience créee et qui par la suite ont été transformé en potentiel client.

Cela a été un vrai succès pour cette startup vue que le nombre d'audience augmentait de jours en jours ce qui était également le nombre de client.

2 - MARKETING

De nos jours l'utilisation des techniques de marketing basique comme la distribution des prospectus et le papier journal, devient de moins en moins efficace, alors pourquoi cela ? on pourra bien investir des centaines de milles dans ces méthodes, basique et être surpris du résultat moins intéressant surtout si votre projet vise une catégorie de personne bien défini comme les jeunes je pourrais même dire la nouvelle génération ; cette nouvelle génération qui est constituée des personnes connectées.

Alors avant de vous présenter les meilleures techniques de marketing, je vais vous parler d'une expérience mener par un groupe d'étudiant en markéting, concernant l'utilisation des moyens basiques de markéting et leur impact sur le terrain. Pour mieux comprendre l'utilité des prospectus et du markéting à travers les supports papier, ils avaient passé les prospectus à un échantillon de cent personnes soit dix par jour, certaines personnes qui recevaient cela manifestait un certain comportement à quelques mètres des étudiants cela après avoir reçu le prospectus, ils pliaient le prospectus en deux ou en trois et le plongeais dans la poche ou dans une poubelle publique cella pour se désencombrer. Par contre pour d'autres ils jetaient un coup d'œil d'au moins dix seconde environ puis ils le pliaient ; d'autres par contre partaient avec le prospectus chez eux et le déposait soit sur une table soit sur un endroit oublier.

Cela devint alors un retour négatif à l'investissement car nombreux ne lisait pas vraiment le contenu du message avant que cela ne soit jeter ou égarer quelque part. je vais vous présenter les techniques qui marche très bien de nos jours a savoir :

a) Le marketing sur les réseaux sociaux.

Une étude a démontré que sur un groupe de 5 personnes, il y a au moins 3 personnes qui utilisent les réseaux sociaux, une personne utilise juste l'internet puis une autre n'utilise rien des deux ce qui conduit de dire qu'il ya une grande opportunité de marketing sur les réseaux sociaux vu qu'il y a un grand nombre de personne abonné sur ces différents réseaux. Alors la question que vous vous posée certainement, comment faire et réussir le marketing d'un produit ou service ? tout d'abord je prendrais le cas de Facebook ce qui est bien sûr le plus grand réseau social, pour commencer il est important d'avoir des pages avec au moyenne deux administrateur qui gèrent les deux. Les pages créees peuvent avoir de noms différents de celui de votre projet, service, produit ou entreprise cela ne pose pas de problème en suite demander d'intégrer au moins une cinquantaine de groupe je vous conseillerais les groupes ou il y a plus de mille abonnés. Une fois votre demande acceptée vous pouvez publier dans vos pages puis faire le partage dans les différents groupes, soit une moyenne de trente partages par page et par jour car l'intelligence artificielle de Facebook peut bloquer les partages de votre page pour une semaine au moins. Cette technique elle est vraiment efficace et gratuite car elle vous permet d'atteindre un grand maximum de personne sur tous les horizons et donc une des réussites de vos markéting. L'autre méthode de markéting Facebook efficace mais malheureusement un peu couteux c'est la méthode de sponsoring des publicités cela se fait par achat de nombre de vue sur Facebook.

b) Maketing d'influence

Certaine méthode de marketing comme les banderoles ou panneaux publicitaire sont aussi très efficace car ces technique de marketing qui sont aussi des moyens de communication permettent de forger une place dans le mentale des personnes, tenez en deux mille seize j'ai travaillé pour le compte d'une entreprise qui fait les yaourts, l'entreprise faisait de très bon produits mais qui étaient très peu connu des consommateurs puisque sur le marché il existait les yaourts auquel les consommateurs s'était habituer alors pour réussir de gagner tous ces clients nous avons procéder par le markéting d'influence nous avons voulu influencé de force et par imposition le mental des consommateurs, premièrement en faisant de tel sorte que partout ou les gens se déplace rencontre soit une affiche soit un panneau publicitaire, soit une banderole. Pour cela nous avons choisis 100 boutiques dont lesquelles les palettes de yaourts étaient exposées et superposées avec comme but qu'il puisse surplomber d'autres produits et qu'il soit percevable par chaque client qui rentre dans la boutique. Cette technique avait permis à l'entreprise de gagné la première place car chaque personne pensait gouter le produit qu'il voyait maintenant partout, certaines personnes goutaient dans le but d'avoir une critique du genre "Ces yaourts on les voie maintenant partout ils agacent les gens maintenant je vais gouter afin de trouver des arguments sur le défaut du produit". Alors le constat fait est que chaque personne qui goutaient le yaourt restait comme un client potentiel de même avec son entourage car ces personnes devenaient comme nos ambassadeurs.

3- NOTORIÉTÉ

La notoriété est un chose qui est très capital dans la vie d'une entreprise vous pouvez être une entreprise, un projet, une solution qui a réussi son entré sur le marché, mais si vous ne construisez pas votre notoriété, alors vous êtes vouée à l'échec. Alors comment construire sa notoriété ? je prendrais tout d'abord l'exemple de l'entreprise Apple, cette entreprise à basé sa stratégie de survie ou de notoriété sur l'innovation, bien que etant sur un marché très compétitif Apple s'arrange à mettre sur le marché un nouveau produit ou encore une technologie nouvelle qui dépasse ses concurrents. Certaine entreprise ont du male de gagner une notoriété d'autre par contre la perd après l'avoir gagné, alors comment gagné en notoriété je vous ramène encore sur la puissance des réseaux sociaux, il est très important de rester permanant sur les réseaux sociaux, je sais que cela peux couter très cher car cette présence sur les réseaux sociaux nécessite parfois l'implication d'un designer, d'un Community manager car cette présence continu nécessite des publications nouvelles, des affiches ou images nouvelles car les internautes reste abonné à des sites , page et chaines web dont le contenu est chaque fois renouvelé. Cela fera que vous puissiez exister dans la mentalité de gens et de paraitre toujours comme renouveler.

Pour ce qui concerne les entreprises, qui perdent leur notoriété, je dirais que très souvent ces entreprises tardent d'emboite le pas sur les innovations du moment mais également sur la stratégie de garder sa notoriété. Pour mieux comprendre cela je vous présente le cas d'une société nommé Chardon Farel, cette société était spécialisée dans le transfert d'argent en inter région en Afrique, avec sa stratégie, elle était devenue une société qui évoluait du jour au jour avec des agences un peu partout et l'allure de se transformer en microfinance et en banque, cette société faisait peur maintenant même à certaines grandes banques car son modèle commercial était très bien et admirer de tous les clients. En se fiant à la clientèle déjà gagnée et à sa notoriété, l'entreprise s'était plongée dans la monotonie de service et au manque de l'innovation, ce qui lui à couter très cher après l'arrivée des services mobile Banking lancé par les grandes sociétés téléphoniques de l'Afrique tel que MTN, Orange.

Ces sociétés téléphoniques avaient rendu le service de transfert d'argent plus facile et plus rapide. Pour tons l'entreprise Chardon Farel avait vu cette concurrence venir il pouvait plutôt investir sur l'innovation au lieu d'investir sur du bâtiment qui était devenu de l'investissement nul car il se donnais de l'honneur avec leurs bâtiments imposants et propre. En voyant leur clientèle se réduire petit à petit la société était contraint de signer un partenariat avec ces sociétés de téléphonie mobile afin de revendre le service de transfert d'argent de ces entreprises de téléphonie mobile ce qui fut d'eux une sous-traitance alors qu'il avait le monopole du marché.

Ce problème de manque de l'innovation fut également à l'origine de la perte de notoriété de l'entreprise IBM en face de Apple aux État Unies d'Amérique. Pour éviter ce problème vous devrez toujours penser à l'innovation. Chaque fois que vous lancé un nouveau produit ou service il faut toujours penser automatiquement à l'amélioration de celui-ci à un futur produit ou service plus innovant, cela peut se faire en faisant un sondage discret au auprès de ces nouveaux utilisateur du nouveau service ou du nouveau produit cela vous permet de s'adapter au besoin de vos clients, de garder vos clients mais également de paraitre compétitif et innovant sur votre marché.

4- COMMUNICATION

La communication est une stratégie nécessaire à adopter de nos jours. Vous pouvez avoir une bonne solution, un bon produit ou un bon service mais s'il n'y a pas de bonne communication, vous serez comme une entreprise dans l'ombre ? Réussir une communication à un bas prix est là surtout le vrai problème. Je parlerais tout d'abord des méthodes de communication simple, dans le cadre de la communication tous les moyens sont bons pour réussir sa communication, tout d'abord, utiliser votre entourage fait de tel sorte qu'au lancement de votre projet, les personnes qui sont autour de vous puisse parler de votre projet à d'autres.

Les activités culturelles d'une localité peuvent

être d'une grande importance dans le cadre ou vous pouvez profiter de passez votre communication, cela en négociant avec le modérateur de l'événement, vous pouvez aussi sponsorisez certain évènement afin que votre service, votre produit soit connu par le publique de l'évènement ; ces méthodes peuvent s'avérer un peu couteux car elle nécessite des moyens financiers. Pour réussir aussi votre communication vous pouvez inciter vos clients à faire votre publicité, comment cela est possible ? une entreprise spécialisée dans le Fast Food était venu me consulté afin de relancer leur présence sur le terrain et gagner plus de clients, après avoir lancer plusieurs stratégie de communication cette entreprise n'avait obtenue aucun résultat positif dans les différentes compagnes de communication qui était lancée, alors pour une bonne relance j'avais alors proposer cette fois ci de mettre à disposition les moyens financiers afin de lancer la distribution gratuite des plats et cela pendant trente jour. Cette gratuité était conditionnée, car j'avais proposé aux clients de nous ramener des nouveaux clients soit un nombre 5 par semaine à l'échange de la réception de 3 plats par semaine ce principe s'appliquait aussi aux nouveaux clients ; En trente jours nous avons réussi a triplé le nombre de client ce qui signifie que la stratégie était bonne. Car chaqu nouveau client reçu était transformé en agent de communication car celui-ci faisait notre communication sur son entourage cela en échange des plats.

Dans votre strategie de communication, arrangez vous de présenter aux client un avantage donné, leur montré pour quoi utiliser ce service ou ce produit et qu'es ce qu'ils vont gagner en utilisant ou en consommant cela. Car le client veut toujour savoir ce qui lui revient en retour même s'il le sait déjà

5- VENTE

La vente est la destination finale du produit ou service d'une entreprise. Certaines entreprise reussisse la vente de leur produit ou service, par contre d'autres ont les difficultés d'écouler cela. Alors comment reussir la vente de son produit ou service ? je vais vous présenter quelques strategies.

a) La gratuité

Vous trouverez cela peut être pas trop bien par rapport à vos objectifs au début mes je vous rasure que cette technique marche très bien. Pour mieux expliciter cela je prendrais le cas d'une jeune startup basé à paris, cette startup est spêcialisée dans le marcketing et communication. Au début cette startup avait pensé lancer leurs services en le faisant gratuit aux personnes et entréprise qui les consultaient. Cette gratuité s'appliquait également sur les marchés qu'elle négociait. Ce qui était bien reflechie car sur le marché il y'avait des grandes entreprises specialisées en marcketing et communication. Alars qu'es ce qui se cachait derière cette gratuité ? chaque entreprique qui bénéficiait du marketing et communication gratuite de cette startup pendant un mois devrait au retour leur faire un temoignage de leurs services ou encore demander à la startup de continuer de travailler pour eux avec un contrat bien renumérer cette fois ci. En ce qui concerne le tomignage, quatre vingt pour cent avait fait un bon temoignage pour la startup. Un mois plutard, les temoignages étant recoltés, cela était devenue comme une pièce à conviction pour les autres entreprises ou encore les futurs clients car quand d'autres entreprises voyaient que la startup avait travaillé avec d'autres grandes entreprises de la place, cela faisait naître de la concideration et du repect aux services de la statup. Ce qui avait favorisé l'entrer dans la création des nouveaux marchés et la réussite de la vente de ses services. Pour le cas des entreprises qui avait demandé à la startup de continuer de travailler pour eux, cela montrait que ces entreprises étairent satifait des sevices gratuits de la startup. Cette technique de gratuité marche très bien car elle vous permet de ventre plus dans le futur. Noublier pas un client qui est abitué d'utiliser un service ou un produit quelconque n'est pas prêt de laisser facilement tout cela pour un nouveau produit ou service, c'est pourquoi il faut toujour penser mettre au point cette strategies d'appas afin d'attirer le client.

Vendre un produit necessite également de la fois sur son produit, vous ne pouvez pas vendre un produit auquel vous même vous ne croyez pas. Vous devez pour cela avoir de la conviction que votre produit ou service marchera.

Dans le cadre de la vente de vos produits et services ne commetté pas l'erreur que commette certaines entreprises en faisant de la mauvaise propagande ou le critique des produits et service de vos concurents, mais plutôt utuliser cela pour montrer la petite touche ajoutée ou l'innovation qui se trouve sur le votre. Tenez par exemple dans le domaine de la production du lait de vache, il ya une très grande concurrence mais ces différentes entreprises ne critiquent pas les produits des autres, car si les critiques existaient sur les produits des autres cela pourrais créer l'inquiétude sur la consommation des produits laitiers en général. Alors pour mieux organisée leur concurrence ces entreprise passe par les incorporations des vitamines dans leur produit par exemple certain lait contien plus de vitamine que d'autres. Cela place alors le client au centre du choix car le client pourra alors consommer ce que son corp a besoin ou encore consommer selon la prescription de son medecin nutritionniste.

b) Le bas prix

Certaines entreprises à leur lancement place la barre du prix tellement haut ou égale aux prix de leur concurants qu'elles finissent par connaître l'echec sur le terrain. Pour cela je vais vous donner un conseil si vous venez de lancer votre entreprise, faite de tel sorte que vous puissiez avoir des produits au prix bas que les produits des concurents. Cela en définissant une periode de cette baisse de prix. Car en général ci vous vous lancez sur un marché qui est déjà saturer les clients attendent à ce que le nouveau produit puisse les attirés par rapport au rapport qualité prix. Il est alors très stratégique de lancer son produit ou son service à très bas prix afin de bien pénétrer le marché. Certaines personnes dirant que cela est très couteux, mais je dirais que cette technique est bien rentable après, car cela vous permettra d'attirer plus de client, car si le client est satisfait de la qualité du service ou du produit mais également du prix, ce client restera fidèle. Alors pour rentabiliser vos ventes, vous pourrez augment petit a petit le prix de votre produit ou service question de rattraper son prix normal.

c) La vente en ligne

De nos jours cette methode de vente devient de plus en plus incontournable, car elle vous permet d'atteindre un grand nombre de client au niveau locale et international. Alors cmment vendre et reussir sa vente en ligne ? pour cela, je vous ramene encors sur les reseaux sociaux, peu importe le produit que vous voulez vendre. Premierement, faites la recherche des pages et groupes qui perlent des thématiques des produits ou service que vous voulez vendre, en suite créer des comptes ou des boutiques sur les sites de vente en ligne qui vous semble mieux, de preference amazon et alibaban et après, publier vos produits ou services. Une fois la publication faite, faite de tel sorte que le lien de publication soit partagé sur toutes les pages et groupe des reseaux sociaux afin d'attirer plus de client à l'achat de votre produit en suivant votre lien depuis les reseaux sociaux. Cette technique marche très bien mais necessite le renouvellement de l'image du lien chaque une semaine d'où l'importance de consulter un disigner. Alors pourquoi renouveler l'image du lien chaque une semaine, parceque, selon un étude psychologique une personne accorde de l'attention à une chose quand celle-ci est encors nouvelle, mais à force de le voir chaque jour, au bout d'une semaine celle-ci perd une partit de sa valeur. Mais dès lors que l'image de la chose change cette chose regagne encore de la valeur.

À PROPOS DE L'AUTEUR

ERNÈS GHISLAIN, consultant specialiste en stratégie de développement d'entreprise, formateur en developpement.

www.ingramcontent.com/pod-product-compliance
Lightning Source LLC
Chambersburg PA
CBHW070914220526
45466CB00005B/2205